C000016426

CONTEMPORARY LIVING

HANDBOOK 2008-2009

MAISONS CONTEMPORAINES

MANUEL 2008-2009

EIGENTIJDS WONEN

HANDBOEK 2008-2009

CONTEMPORARY LIVING

HANDBOOK 2008-2009

MAISONS CONTEMPORAINES

MANUEL 2008-2009

EIGENTIJDS WONEN

HANDBOEK 2008-2009

BETA-PLUS

FOREWORD

CONTEMPORARY LIVING 2008-2009 is a reference work on contemporary architecture and interiors.

- With hundreds of new photographs of modern homes and interior design that have never been published before.

- All of the projects are organised by theme: the most beautiful entrance halls, sitting rooms, dining rooms, kitchens, bathrooms, bedrooms and dressing rooms, work and relaxation spaces and everything else around the home.

- With weblinks to the architects and interior specialists featured in the book.

Wim Pauwels
Publisher

PREFACE

VOORWOORD

MAISONS CONTEMPORAINES 2008-2009 est un ouvrage de référence qui porte sur l'architecture et l'intérieur d'aujourd'hui.

- Richement illustré de centaines de photos inédites d'habitations et d'intérieurs contemporains.

- Tous les projets sont classés par thème : les plus beaux halls d'entrées, séjours, salles à manger, cuisines, pièces d'eau, chambres à coucher et dressings, salles de jeux, bureaux et abords de la maison.

- Liens vers les sites Internet des architectes et concepteurs d'intérieurs présentés dans le livre.

Wim Pauwels
Editeur

EIGENTIJDS WONEN 2008-2009 is een referentiewerk over hedendaagse architectuur en interieurs.

- Met honderden nieuwe, nooit eerder gepubliceerde foto's van eigentijdse woningen en interieurinrichtingen.

- Alle projecten worden thematisch gerangschikt: de mooiste inkomhalls, zitkamers, eetkamers, keukens, badruimtes, slaapkamers en dressings, ontspannings- en werkruimtes en alles rondom de woning.

- Met weblinks naar de architecten en interieurspecialisten die in het boek aan bod komen.

Wim Pauwels
Uitgever

CONTENTS

SOMMAIRE

INHOUD

ENTRANCE HALLS

HALLS D'ENTRÉE

INKOMHALLS

The entrance hall represents the link between the outside world and the interior of the house.
Functionality and aesthetic aspects go hand in hand here:
the durability of the selected materials is of prime importance,
but the character and the arrangement of these rooms is also of key concern.
The hall leads the visitor into the house and, from an architectural point of view,
it is often the basis that all the living spaces are built around.

Le hall représente une transition entre le monde extérieur et l'intérieur d'une habitation.
Les aspects fonctionnels et esthétiques vont de pair :
le caractère durable des matériaux choisis est primordial,
mais la clarté et l'agencement de l'espace jouent aussi un rôle important.
Le hall introduit le visiteur dans l'habitation et, d'un point de vue architectural,
il est souvent l'axe autour duquel s'agencent les autres pièces.

De inkomhall vormt de overgang van de buitenwereld naar het interieur van de woning.
Functionaliteit en esthetische aspecten gaan hier hand in hand: de duurzaamheid
van de gekozen materialen is van primordiaal belang,
maar ook het ruimtelijke karakter en de overzichtelijkheid van deze vertrekken staan centraal.
De hall leidt de bezoeker binnen in de woning en is vanuit architecturaal standpunt vaak de basis
waarrond alle woonruimtes zijn opgebouwd.

In this 1935 apartment designed in the style of a packet-boat, interior architect Mario Bruyneel, in close consultation with the owner, has created a space that perfectly combines modern living requirements with a homage to the period between the wars. The simplicity of the architectural elements was kept intact throughout the renovation. The monochrome colour palette was chosen to reflect the atmosphere of the entrance hall and this meant that original art deco and contemporary elements could be seamlessly integrated.
Console in lacquer and parchment by De Coene; Catteau vases by Boch Keramis. Handmade lights in metal and Tiffany glass; carpet designed by Mario Bruyneel.

Dans cet appartement de style paquebot de 1935, l'architecte d'intérieur Mario Bruyneel a créé, en étroite collaboration avec le propriétaire, un espace qui répond parfaitement au confort moderne et qui rend hommage à l'entre-deux-guerres. La rénovation a gardé intacte la simplicité des éléments architecturaux. Le choix de couleurs monochromes a été induit par l'atmosphère du hall d'entrée et a permis l'intégration réussie d'éléments Art déco et contemporains originaux. Console laquée et parchemin de l'atelier De Coene et vases Catteau de Boch Keramis. Lustres en métal faits main et verre Tiffany, tapis Mario Bruyneel.

In dit appartement uit 1935 in pakketbootstijl heeft binnenhuisarchitect Mario Bruyneel in nauwe samenwerking met de eigenaar een ruimte gecreëerd in perfecte harmonie met de hedendaagse woonbehoeften én als hommage aan het interbellum. De eenvoud van de architecturale elementen bleef bij de renovatie intact. Het monochrome kleurenpalet werd bepaald door de sfeer van de inkomhal en liet toe originele art deco en hedendaagse elementen feilloos te integreren. Console in lak en parchemin van atelier De Coene en Catteau vazen van Boch Keramis. Handgemaakte luchters in metaal en Tiffany glas, tapijt ontworpen door Mario Bruyneel.

The stairway in a home designed by the New York architectural
studio Smith-Miller+Hawkinson.

La cage d'escalier d'une maison conçue par le bureau d'études new
yorkais Smith-Miller+Hawkinson.

De trappenhal in een woning ontworpen door het New Yorkse
architectenbureau Smith-Miller+Hawkinson.

www.smharch.com

This 300m² ground-floor apartment was transformed by the Brussels interior architect Laurence Sonck, in collaboration with MGC building contractors (Eric Courtejoie). The open spaces and the homogenous selection of materials and colours have resulted in a streamlined design that still radiates a warm and cosy atmosphere.

L'architecte d'intérieur Laurence Sonck a transformé un appartement de plain-pied de 300 m² en collaboration avec l'entreprise MGC (Eric Courtejoie). Les pièces ouvertes, le choix homogène de matériaux et de couleurs se traduisent dans un ensemble épuré, offrant à la fois chaleur et intimité.

Een gelijkvloers appartement van 300 m² werd getransformeerd door de Brusselse interieurarchitecte Laurence Sonck, in samenwerking met aannemingsbedrijf MGC (Eric Courtejoie). De open ruimten, de homogene materiaal- en kleurkeuze resulteerden in een pure vormgeving en toch een warme, intimistische uitstraling.

The entrance hall in a project by Bert Van Bogaert.

Le hall d'entrée d'un projet de Bert Van Bogaert.

De inkomhal in een project van Bert Van Bogaert.

A project by the Bataille + ibens design studio.

Un projet des designers Bataille + ibens.

Een project van het designbureau Bataille + ibens.

www.bataille-ibens.be

A wide, pivoting entrance door in a project by Baudouin Courtens architectural studio.

Une large porte d'entrée pivotante dans une réalisation du bureau d'études Baudouin Courtens.

Een brede, pivoterende inkomdeur in een realisatie van architectenbureau Baudouin Courtens.

www.courtens.be

The entrance hall of a seaside apartment furnished by Annick Colle in a building designed by architect Marc Corbiau.

Le hall d'entrée d'un appartement à la mer aménagé par Annick Colle dans un immeuble conçu par l'architecte Marc Corbiau.

De inkomhal van een kustappartement ingericht door Annick Colle in een gebouw ontworpen door architect Marc Corbiau.

28-29

Study of the interior and exterior of a 1960s villa by Peter Ivens (interiors/architectural studio).
The central hallway on the first floor with an open oak staircase leading to the attic. View of the master bedroom, and a photo by Claude Cortinovis on an old black-lacquered bench by Martin Visser.

Étude conceptuelle réalisée par Peter Ivens sur l'intérieur et l'extérieur d'une villa des années 1960 (bureau d'architecture d'intérieur / extérieur).
Au centre du premier étage, le hall est doté d'un escalier ouvert en chêne qui mène au grenier. Vue sur la master bedroom ; une photo de Claude Cortinovis sur un banc ancien laqué noir de Martin Visser.

Conceptstudie van het interieur en exterieur van een villa uit de jaren 1960 door Peter Ivens (studiebureau voor interieur/architectuur).
De centrale hal van de eerste verdieping met een open trap in eik naar de zolder. Zicht naar de master bedroom, en een foto van Claude Cortinovis op een oude zwartgelakte bank van Martin Visser.

www.peterivens.be

A design by Lens°ass architects under the direction of Bart Lens with project architects Massimo Pignanelli and Stefaan Van Steen and engineer Walter Van Erum.
Natural spaces have been created by a clever use of sunlight and by extending exterior materials into the interior of the building. The flat roof of the main building, a beautiful space for a rock garden and works of art, can be seen from the stairs. A corridor ending in a meditation space has been created along the sightline to the church. Art, sightlines, contrasts and space were important features of this design.

Une réalisation des architectes Lens°ass, dirigée par Bart Lens en collaboration avec les architectes Massimo Pignanelli et Stefaan Van Steen et l'ingénieur Walter Van Erum.
La transposition des matériaux de l'extérieur vers l'intérieur et le jeu sur la lumière du jour ont permis de créer des espaces naturels. Le toit plat de la basse pièce principale, visible depuis la tour, forme un paysage peuplé de galets et d'œuvres artistiques. Dans le prolongement de la perspective sur l'église, on a créé un couloir dont l'extrémité est un espace de méditation. L'art, les perspectives, les contrastes et l'espace occupent une place prépondérante dans ce concept architectural.

Een realisatie van Lens°ass architecten o.l.v. Bart Lens met projectarchitecten Massimo Pignanelli en Stefaan Van Steen en ingenieur Walter Van Erum.
Het doortrekken van materialen van buiten naar binnen, het spelen met zenitaal licht scheppen natuurlijke ruimtes. Het plat dak van het lage hoofdvolume is zichtbaar vanuit de toren en vormt een landschap van keien en kunst. In het verlengde van de zichtlijn naar de kerk werd een gang gecreëerd met als eindpunt een meditatieruimte. Kunst, zichtlijnen, contrasten en ruimtelijkheid waren belangrijk in dit wooonconcept.

www.lensass.be / www.objetbart.be

A big apartment created by Stavit Mor in a 1920 private mansion.
Artwork by the German photographer Jürgen Klauke.

Un grand appartement créé par Stavit Mor dans une maison de maître des années 1920.
Trois oeuvres du photographe allemand Jürgen Klauke.

Een groot appartement ontworpen door Stavit Mor in een herenwoning van de jaren 1920.
Drie werken van de Duitse kunstfotograaf Jürgen Klauke.

The guest toilet and a panelled cloakroom with an alcove displaying a primitive statue.

Toilette des invités et vestiaire lambrissés.
Une niche sert de support à une icône primitive.

Gastentoilet en een vestiaire in lambrisering met een nis waar een primitief beeld wordt tentoongesteld.

www.minimalinterior.be

'Aksent carried out a major renovation of this 1930s house.
Creating a completely open staircase introduced a sense of space in the small entrance hall. The dark-stained oak and the Corten steel reinforce the architectural lines.

La profonde rénovation d'une maison des années 1930 par 'Aksent.
Le petit hall d'entrée semble plus spacieux grâce à l'escalier entièrement ouvert.
Le chêne teinté foncé et l'acier Corten accentuent les lignes architecturales.

Ingrijpende renovatie van een woning uit de jaren 1930 door 'Aksent.
De kleine inkomhal werd ruimtelijk door de keuze voor een volledig open trap.
De donkergebeitste eik en het Corten staal versterken de architecturale belijning.

www.taksent.be

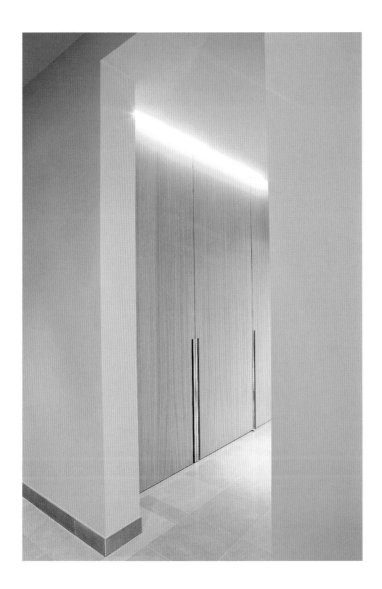

A project by the Ixtra design studio (Filip Vanryckeghem).

Un projet du bureau d'études Ixtra (Filip Vanryckeghem).

Een project van het ontwerpbureau Ixtra (Filip Vanryckeghem).

www.ixtra.be

A design by Toon Saldien architectural studio.

Une réalisation du bureau d'études Toon Saldien.

Een realisatie van architectenbureau Toon Saldien.

www.toonsaldien.be

SITTING ROOMS

SALONS

ZITKAMERS

Drawing rooms, or sitting rooms, usually have a dual function: they are used to receive guests,
but also for resting and calming down after a hard day's work.
The great variety of sitting rooms in this chapter reveals this ambiguity: from formal to relaxed,
from opulent to extremely minimal – a choice that is reflected
in the selection of furnishings, materials and of the colour palette.

Les salons ou salles de séjour ont généralement une fonction double :
ils permettent de recevoir les invités, mais servent aussi de lieu de détente après une journée de travail.
La diversité des salons présentés ici traduit cette ambiguïté :
ils ont un caractère formel ou décontracté, exclusif ou dépouillé…
Le style se traduit par le choix du mobilier, des tissus et des couleurs.

Salons of zitruimtes hebben meestal een dubbele functie: ze dienen om gasten te ontvangen,
maar tevens om tot ontspanning en rust te komen na een drukke dagtaak.
De grote verscheidenheid aan salons in dit hoofdstuk verraadt deze ambiguïteit:
van formeel tot ongedwongen, van exclusief tot uiterst sober, …
een stijl die zich vertaalt in de keuze van het meubilair, de stoffen en het kleurenpalet.

A creation by Raoul Cavadias.

Une création de Raoul Cavadias.

Een creatie van Raoul Cavadias.

www.raoul-cavadias.com

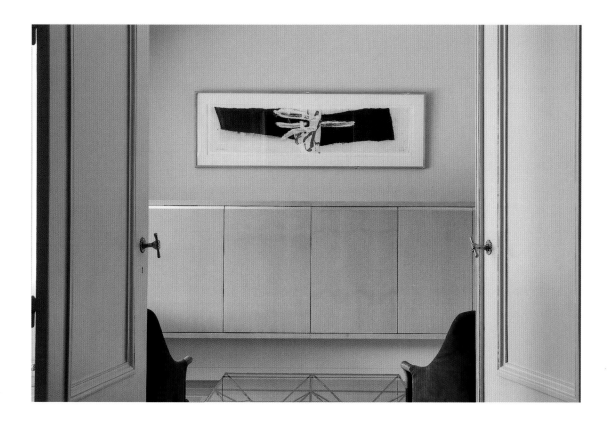

A project by interior architect Philip Simoen.

Une réalisation de l'architecte d'intérieur Philip Simoen.

Een realisatie van interieurarchitect Philip Simoen.

48-51

The open fireplace in Sahara natural stone is at the centre of the ground floor and can also be seen from the dining room. To the right is the kitchen; to the left is the sitting area with a view of the swimming pool. The sitting area (p. 50-51) is situated in the former garage. An extension in glass and natural stone has been added to this room on the side facing the swimming pool.
A design by Peter Ivens.

Le feu ouvert en pierre naturelle Sahara est disposé au centre du rez-de-chaussée et est visible depuis la salle à manger. À droite, la cuisine et à gauche, le salon avec vue sur la piscine.
Le salon (p. 50-51) se trouve à hauteur de l'ancien garage. Cette pièce a été partiellement réaménagée avec un ensemble en verre et pierre naturelle le long de la piscine.
Une réalisation de Peter Ivens.

De open haard in Sahara natuursteen bevindt zich in het midden van het gelijkvloers en is ook zichtbaar vanuit de eetkamer. Rechts de keuken, links bevindt zich de zithoek met zicht op het zwembad.
De zithoek (p. 50-51) is gesitueerd ter hoogte van de vroegere garage. Deze ruimte werd deels uitgebouwd met een volume uit glas en natuursteen aan de zijde van het zwembad.
Een realisatie van Peter Ivens.

www.peterivens.be

The sitting room in a house designed by R. Schellen architectural studio.

Le salon d'une maison conçue par le bureau d'études R. Schellen.

Het salon in een woning ontworpen door architectenbureau R. Schellen.

www.schellen.be

Contemporary classic sitting rooms by Bert Van Bogaert (above) and Vlassak-Verhulst (below).

Des salons contemporains classiques de Bert Van Bogaert (en haut) et Vlassak-Verhulst (en bas).

Hedendaags klassieke salons van Bert Van Bogaert (boven) en Vlassak-Verhulst (onderaan).

54-55
The sitting room in a project by architect Toon Saldien.

Le séjour d'un projet de l'architecte Toon Saldien.

De zitkamer in een project van architect Toon Saldien.

www.toonsaldien.be

56-57
A solid floor in aged oak with Promemoria furniture (models: Wanda and Africa). The photos in the background are by On Kawara. Project by 'Aksent.

Un plancher en chêne massif vieilli et du mobilier Promemoria (modèles Wanda et Africa). Les photos à l'arrière-plan sont signées On Kawara. Une réalisation de 'Aksent.

Een massief vergrijsde eiken plankenvloer met meubilair van Promemoria (modellen Wanda en Africa). De foto's op de achtergrond zijn van On Kawara. Een realisatie van 'Aksent.

www.taksent.be

58-59

The oak and Buxy natural-stone floor zones in this TV room complement each other perfectly. The lounge suite is by Flexform. The fireplace contains a sliding panel that conceals a hi-fi and a plasma screen. All of the walls and cupboards have been made using a cement technique. The photo in the background is by Saydou Kïta.

Dans ce coin télé, le plancher en chêne rejoint le sol en pierre naturelle Buxy. Le fauteuil lounge est une création de Flexform. Le meuble de cheminée est pourvu d'un panneau coulissant dissimulant une chaîne hi-fi et un écran plasma. Tous les murs et placards ont été traités au ciment. La photo du fond est signée Saydou Kïta.

In deze tv-ruimte vloeien de vloerzones van eiken en Buxy natuursteen in elkaar over. De lounge is van Flexform. Het haardmeubel is voorzien van een schuifpaneel waarachter hifi en plasma verborgen zijn. Alle muren en kasten zijn uitgevoerd in een cementtechniek. De foto op de achtergrond is van Saydou Kïta.

www.taksent.be

60-61

The city home of Xavier Van Lil, with some of his extensive XVL collection.

La maison de ville de Xavier Van Lil, avec une partie de sa vaste collection XVL.

De stadswoning van Xavier Van Lil, met een deel van zijn uitgebreide XVL-collectie.

www.xvl.eu

62-63

Living room in warm shades in the section with
the lower ceiling; a minimalist dining room in the
open space beyond, connected to the garden
and the sky.
A design by Lens°ass architects. Interior: Hay
Verheij.

Dans le volume du bas, le séjour enveloppé
arbore des teintes chaudes. Dans le volume du
haut, la salle à manger monacale est reliée au
jardin et au ciel.
Une réalisation des architectes Lens°ass.
Intérieur Hay Verheij.

Omsloten woonkamer in warme tinten voor het
lagere volume; monacale eetkamer in het hoge
volume, verbonden aan de tuin en de hemel.
Een realisatie van Lens°ass architecten.
Interieur Hay Verheij.

www.lensass.be
www.objetbart.be

A project by Simone Kengo in a 250m² apartment in Walloon Brabant, with furniture from her interior-design company Minimal Interior: two 1932 Dossier droit poufs in greige leather by Jean-Michel Frank (Ecart International), a Lounge sofa and two Normandie armchairs with detachable covers by Catherine Memmi, and a Chelsea coffee table, also by Catherine Memmi. Painting by Pierre Debatty; carpet by Bartholomeus.

Un projet de Simone Kengo dans un vaste appartement de 250 m² du Brabant wallon, au mobilier issu de sa boutique d'aménagement intérieur Minimal Interior : deux poufs Dossier droit de 1932 en cuir grège de Jean-Michel Frank (Ecart International). Un canapé Lounge, deux fauteuils déhoussables Normandie et une table de salon Chelsea, le tout de Catherine Memmi. Tableau de Pierre Debatty, tapis Bartholomeus.

Een project van Simone Kengo in een 250 m² groot appartement in Waals Brabant, met meubilair uit haar interieurzaak Minimal Interior: twee poefs Dossier droit uit 1932 in grège leder van Jean-Michel Frank (Ecart International), een canapé Lounge en twee fauteuils Normandie met afneembare hoes van Catherine Memmi en een salontafel Chelsea, eveneens van Catherine Memmi. Schilderij van Pierre Debatty, tapijt van Bartholomeus.

www.minimalinterior.be

A design by Cy Peys interior architects.

Une réalisation des architectes d'intérieur Cy Peys.

Een realisatie van Cy Peys Interieurarchitecten.

www.cypeys.com

70-71
A sitting room/dining area by Smith-
Miller+Hawkinson.

Un salon englobant une salle à manger conçu
par le bureau d'études Smith -Miller+Hawkinson.

Een salon annex eetruimte van
architectenbureau Smith-Miller+Hawkinson.

www.smharch.com

A Flexform sofa (model: Ground Piece). The black wall panel and brushed-oak coffee table were made specially for this project.
A creation by interior architect Laurence Sonck.

Un canapé Flexform (modèle Ground Piece). Le meuble noir suspendu et la table de salon en chêne brossé ont été réalisés sur mesure.
Une création de l'architecte d'intérieur Laurence Sonck.

Een canapé Flexform (model Ground Piece). Het zwevende, zwarte meubel en de salontafel in geborsteld eiken werden op maat gemaakt.
Een creatie van interieurarchitecte Laurence Sonck.

A harmony of chrome, silk, velvet and glass in this interior created by Mario Bruyneel. The velvet curtains and the console in Rio palisander rosewood reflect the theatrical style of the 1930s. Magiscope sculptures by Feliciano Bejar. Sofa by Ebony Interiors, with silk covers. Carpet made to a design by Da Silva Bruhns.

Harmonie de chrome, soie, velours et verre dans cet intérieur créé par Mario Bruyneel. Les rideaux en velours et la console en palissandre de Rio reflètent le style théâtral des années 1930. Sculptures Magiscope de Feliciano Bejar. Sofa Ebony Interiors habillé de soie. Tapis dessiné par Da Silva Bruhns.

Harmonie van chroom, zijde, fluweel en glas in dit interieur gecreëerd door Mario Bruyneel. De fluwelen gordijnen en de console in Rio-palissander weerspiegelen de theatrale stijl van de jaren 1930. Magiscope sculpturen van Feliciano Bejar. Sofa van Ebony Interiors, met zijde bekleed. Tapijt naar een ontwerp van Da Silva Bruhns.

The redesign of a castle sitting room by Martine Cammaert (C&C Design).

Le réaménagement d'un salon de château par Martine Cammaert (C&C Design).

Herinrichting van het salon in een kasteel door Martine Cammaert (C&C Design).

80-83

A classic contemporary design by Annick Colle in a unique coastal landscape where small paths lead down to the beach. Interior and exterior flow together seamlessly.
Old and new harmoniously combined: an antique oak dining table and console with furniture by Christian Liaigre.

Un projet contemporain classique d'Annick Colle dans un paysage côtier unique où de petits sentiers mènent à une plage de promenade. L'intérieur et le cadre naturel s'imbriquent l'un dans l'autre.
Passé et présent se côtoient harmonieusement : association d'une table de salle à manger et d'une console en vieux chêne avec du mobilier Christian Liaigre.

Een klassiek hedendaags ontwerp door Annick Colle in een uniek kustlandschap waar kleine paden leiden naar een wandelstrand. Interieur en natuuromgeving vloeien in elkaar over.
Oud en nieuw gaan hier harmonieus samen: combinatie van een antieke eiken eettafel en console met meubilair van Christian Liaigre.

A seaside apartment designed by Philip Simoen.

On the left-hand page, B&B Italia seating (model: Charles, design: Antonio Citterio) from Loft Living. Built-in cupboard units by Wilfra. The relaxation chair in aubergine leather (above left) is also by B&B Italia. The carpet by Carpetsign was specially manufactured to match the colour of the chairs. Coffee tables designed by Patricia Urquoila for B&B.

L'aménagement d'un appartement du littoral par Philip Simoen.

Sur la page de gauche, des fauteuils B&B Italia (modèle Charles, un projet d'Antonio Citterio) chez Loft Living. Armoire encastrée réalisée sur mesure par Wilfra. Le fauteuil relax en cuir aubergine ci-dessus à gauche est également signé B&B Italia. Le tapis Carpetsign a été spécialement assorti à la couleur des fauteuils. Tables de salon de Patricia Urquoila pour B&B.

Inrichting van een kustappartement door Philip Simoen.

Op de linkerpagina B&B Italia zetels (model Charles, ontwerp Antonio Citterio) bij Loft Living. Maatwerk kastenwand door Wilfra. De relaxzetel hierboven links in auberginekleurige leder is eveneens van B&B Italia. Het tapijt van Carpetsign werd speciaal op kleur van de zetels vervaardigd. Salontafels ontworpen door Patricia Urquoila voor B&B.

DINING ROOMS

SALLES À MANGER

EETKAMERS

The formal dining rooms of yesteryear have given way to the convivial rooms we know today.
Nowadays, the dining room is a place where the whole family can come together,
which is often integrated into a large open kitchen, and sometimes accommodated in an adjoining room.

Les salles à manger guindées d'autrefois ont cédé la place aux espaces conviviaux d'aujourd'hui.
La salle à manger est à présent un lieu de rencontre pour toute la famille,
souvent intégrée à une grande cuisine à vivre, parfois aussi située dans une pièce attenante.

De formele eetkamers van weleer hebben plaats gemaakt
voor de conviviale ruimten zoals we die vandaag kennen.
Vandaag is de eetkamer een verzamelplaats voor het hele gezin,
vaak geïntegreerd in een grote woonkeuken, soms ook ondergebracht in een aanpalende ruimte.

A sideboard has been built into the partition wall in this dining room. 'Bamboo' table and Brigitta Short chairs, both from Promemoria.

The artwork on this page (above left) is by Thomas Struth. The living room and kitchen are connected; only the different floor treatments create a visual separation between the two areas. A project by 'Aksent.

Cette salle à manger comporte un buffet encastré dans le mur mitoyen. Table Bamboo et chaises Brigitta Short, les deux de Promemoria.

L'œuvre d'art illustrée en haut à gauche est signée Thomas Struth. Séjour et cuisine sont liés ; seuls les revêtements de sols différents établissent une distinction visuelle entre les zones. Une réalisation de 'Aksent.

In deze eetruimte werd een buffetkast ingewerkt in de scheidingsmuur. De tafel is het model Bamboo, stoelen Brigitta Short, beide van Promemoria.

Het kunstwerk op deze pagina linksboven is van Thomas Struth. Leefruimte en keuken zijn met elkaar verbonden; enkel de verschillende vloerkeuzes zorgen voor een visuele scheiding van de zones. Een realisatie van 'Aksent.

www.taksent.be

A Xavier Van Lil design.

Une réalisation de Xavier Van Lil.

Een realisatie van Xavier Van Lil.

www.xvl.eu

This dining room looks into the kitchen (to the right) through two tinted windows.

Light by Flos (model: Taraxacum), table by Maxalto with cowskin 'Lea' chairs by Zanotta. The carpet is by Limited Edition.

A Laurence Sonck design.

Cette salle à manger se tourne vers la cuisine à travers deux fenêtres teintées.

Lustre Flos (modèle Taraxacum), table Maxalto et chaises Zanotta en poil de vache (modèle Lea). Tapis Limited Edition.

Une réalisation de Laurence Sonck.

Deze eetkamer kijkt rechts uit op de keuken met twee getinte vensteropeningen.

Luchter van Flos (model Taraxacum), tafel van Maxalto met stoelen in koevacht model Lea van Zanotta. Het tapijt is van Limited Edition.

Een realisatie van Laurence Sonck.

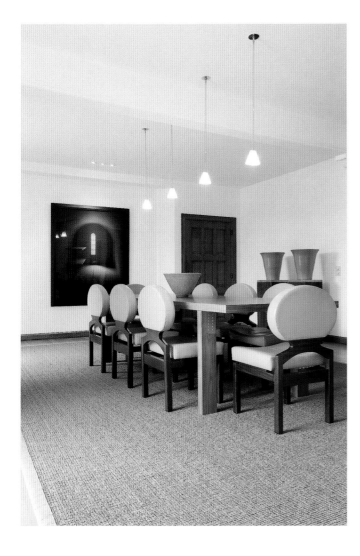

A contemporary dining room in a classic country house.

Une salle à manger contemporaine dans une maison de campagne classique.

Hedendaagse eetkamer in een klassiek landhuis.

All of the furniture in this dining room by Simone Kengo (Minimal Interior) was designed by Catherine Memmi. Carpet by Bartholomeus.

Tout le mobilier de cette salle à manger conçue par Simone Kengo (Minimal Interior), a été créé par Catherine Memmi. Tapis Bartholomeus.

Alle meubilair in deze eetkamer, gecreëerd door Simone Kengo (Minimal Interior) werd door Catherine Memmi ontworpen. Tapijt van Bartholomeus.

www.minimalinterior.be
www.catherinememmi.com

A creation by interior architect Mario Bruyneel.
The carpet, made to a design by Marion Dorn, dominates this dining room.
White leather Brno chairs contrast with the pattern of the art deco sideboard. The geometric interplay of the mirrors lends a sense of space.

Une création de l'architecte d'intérieur Mario Bruyneel.
Un tapis dessiné par Marion Dorn domine cette salle à manger. Les chaises en cuir blanc Brno contrastent avec le motif du buffet Art déco. Le jeu géométrique des miroirs crée une impression d'espace.

Een creatie van interieurarchitect Mario Bruyneel.
Een tapijt naar ontwerp van Marion Dorn domineert deze eetkamer.
Witlederen stoelen Brno contrasteren met het patroon van het art deco buffet. Geometrisch spel van spiegels creëert een ruimtelijk effect.

A project by Lens°ass architects.

Une réalisation des architectes Lens°ass.

Een realisatie van Lens°ass architecten.

www.lensass.be
www.objetbart.be

A Stavit Mor creation. Artwork Denmark.

Une réalisation de Stavit Mor. Œuvres d'art Denmark.

Een realisatie van Stavit Mor. Kunstwerken van Denmark.

A project by R. Schellen architectural studio.

Une réalisation du bureau d'études R. Schellen.

Een realisatie van architectenbureau R. Schellen.

www.schellen.be

A project by Toon Saldien architectural studio.

Un projet du bureau d'études Toon Saldien.

Een project van architectenbureau Toon Saldien.

www.toonsaldien.be

104-107

A design by Martine Cammart (C&C Design).

Un projet de Martine Cammart (C&C Design).

Een ontwerp van Martine Cammart (C&C Design).

KITCHENS

CUISINES

KEUKENS

In recent years, kitchens have undergone a real metamorphosis.
Under the influence of changing outlooks, developments in social circumstances
and the collapse of traditional family roles, the kitchen has gained a more varied purpose,
as a place for coming together, cooking, eating, working, and so on.
Individuality is the keyword for all the kitchen reports: a pleasant kitchen reflects the lifestyle
of the owners of the house and must be designed with their needs in mind.

Au cours des dernières années, les cuisines ont subi une véritable métamorphose.
Sous l'influence de l'esprit du temps, des nouvelles conditions de vie et de la nouvelle répartition des tâches
entre hommes et femmes, la cuisine répond à une dimension plus étendue :
celle d'un espace de rencontre où l'on cuisine, où l'on mange, où l'on travaille.
Dans chaque reportage, le mot-clé est l'individualité :
une cuisine agréable reflète la manière de vivre des habitants et doit s'accorder à leurs besoins.

De laatste jaren heeft de keuken een ware metamorfose ondergaan.
Onder invloed van de nieuwe tijdsgeest, de gewijzigde leefomstandigheden
en het doorbreken van de traditionele rollenpatronen krijgt de keuken een bredere dimensie:
een ontmoetingsplaats waar gekookt, gegeten, gewerkt, ... wordt.
Hét sleutelwoord bij elke keukenreportage is individualiteit: een aangename keuken
weerspiegelt de leefwereld van de bewoners en dient aan hun noden te zijn aangepast.

An XVL kitchen design.

Un projet de cuisine de XVL.

Een keukenontwerp van XVL.

www.xvl.eu

The kitchen in a modern loft designed by Yvonne Hennes (Project by Phyl).
Bleached-oak parquet floor and kitchen units in painted MDF panels.

La cuisine d'un loft contemporain créé par Yvonne Hennes (Project by Phyl).
Parquet en chêne blanchi et placards en MDF peint.

De keuken in een hedendaagse loft ontworpen door Yvonne Hennes (Project by Phyl).
Een gebleekte eiken parket en geschilderde mdf-panelen voor de keukenkasten.

www.yvonne-hennes.com

A streamlined contemporary kitchen in a house by Vlassak-Verhulst.

Une cuisine contemporaine aux formes épurées dans une maison de Vlassak-Verhulst.

Puur vormgegeven hedendaagse keuken in een woning van Vlassak-Verhulst.

www.vlassakverhulst.com

A kitchen by designers Claire Bataille + Paul ibens.

Une cuisine conçue par les designers Claire Bataille + Paul ibens.

Een keuken ontworpen door designers Claire Bataille + Paul ibens.

www.bataille-ibens.be

118-121

This kitchen was designed by 'Aksent in accordance with the client's wishes. Fitted furniture by Aform.

Cette cuisine a été conçue par 'Aksent selon les souhaits du client. Exécution sur mesure par Aform.

Deze keuken werd naar de wensen van de klant ontworpen door 'Aksent. Maatwerk verzorgd door Aform.

www.taksent.be
www.aform.be

Two kitchens by Frank Tack.

Deux cuisines réalisées par Frank Tack.

Twee keukenrealisaties van Frank Tack.

www.tack-keukens.be

124-127

A project by Toon Saldien architectural studio.

Une réalisation du bureau d'études Toon Saldien.

Een realisatie van architectenbureau Toon Saldien.

www.toonsaldien.be

This kitchen was made to a design by Peter Ivens. Work surfaces and sink in Sahara natural stone (Lanssens). Lacquered cupboard doors.

Cette cuisine a été réalisée d'après un projet de Peter Ivens. Plans de travail et évier en pierre naturelle Sahara (Lanssens). Panneaux de meubles laqués.

Deze keuken werd uitgevoerd naar een ontwerp van Peter Ivens. Werkbladen en spoelbak in Sahara natuursteen (Lanssens). Kastfronten in lakwerk.

www.peterivens.be

130-135
This kitchen was created by Cools Interior/Jos Reynders Decor in a house designed by architect Marc Corbiau.

Cette cuisine a été réalisée par Cools Interior / Jos Reynders Decor dans une maison conçue par l'architecte Marc Corbiau.

Deze keuken werd gerealiseerd door Cools Interior / Jos Reynders Decor in een woning ontworpen door architect Marc Corbiau.

www.reynders-goc.com

This kitchen is also by Cools Interior/Jos Reynders Decor.

Cette cuisine est une autre réalisation de Cools Interior / Jos Reynders Decor.

Ook deze keuken werd uitgevoerd door Cools Interior / Jos Reynders Decor.

www.reynders-goc.com

This kitchen with clean lines in an apartment designed by Simone Kengo (Minimal Interior) was built by Obumex in stained oak.

Cette cuisine aux lignes épurées a été réalisée par Obumex en chêne teinté dans un appartement aménagé par Simone Kengo (Minimal Interior).

Deze zuiver vormgegeven keuken in een appartement ingericht door Simone Kengo (Minimal Interior) werd gerealiseerd door Obumex in getinte eiken.

www.minimalinterior.be
www.obumex.be

143-145

A spacious kitchen/dining area/living room in a project by Smith-Miller + Hawkinson.

Une vaste cuisine englobant une salle à manger et un séjour dans un projet de Smith-Miller + Hawkinson.

Een ruime keuken- annex eet- en woonruimte in een project van Smith-Miller + Hawkinson.

www.smharch.com

The existing granito floor was restored and used as the basis for the design and colours in this contemporary kitchen. The cooker hood is also an original feature. Project by interior architect Mario Bruyneel.

Le sol en granit a été restauré et a servi de base au choix des couleurs et à la réalisation de cette cuisine intemporelle qui a conservé sa hotte. Une réalisation de l'architecte d'intérieur Mario Bruyneel.

Een bestaande granitovloer werd gerestaureerd en als basis gebruikt voor de kleurkeuze en het ontwerp van deze tijdloze keuken waar de bestaande dampkap behouden bleef.
Een realisatie van interieurarchitect Mario Bruyneel.

A combination of monochrome white and fresh shades of orange in this seaside home furnished by Nathalie Van Reeth.

Une association de blanc monochrome et d'orangés toniques dans une maison du littoral aménagée par Nathalie Van Reeth.

Een combinatie van monochroom wit en frisse oranje tinten in een kustwoning ingericht door Nathalie Van Reeth.

This kitchen was designed by architect Lou Jansen.

Cette cuisine a été aménagée par l'architecte Lou Jansen.

Deze keuken werd ontworpen door architect Lou Jansen.

The open kitchen in an apartment on the Belgian coast. Work surfaces in Azul Fatima natural stone,
Dornbracht taps (Tara) and an oak floor.
An Annick Colle design.

La cuisine ouverte d'un appartement de la côte belge. Plans de travail en pierre naturelle Azul
Fatima, robinetterie Dornbracht (Tara) et plancher en chêne.
Une réalisation d'Annick Colle.

De open keuken in een appartement aan de Belgische kust. Werkbladen in Azul Fatima natuursteen,
kraanwerk Dornbracht (Tara) en een eiken plankenvloer.
Een realisatie van Annick Colle.

The floor and the work surface in this kitchen design by Philip Simoen were supplied by Dominique Desimpel.
Walls in marble moasic, also from Desimpel.

Le sol et le plan de travail de cette cuisine de Philip Simoen ont été fournis par Dominique Desimpel. Murs en
mosaïque de marbre clivée, également chez Desimpel.

De vloer en het werkblad in dit keukenontwerp van Philip Simoen werden door Dominique Desimpel geleverd.
Wanden in gekliefde marmermozaïek, eveneens van bij Desimpel.

www.tegelsdesimpel.be

154-157

The dining room of the seaside apartment also depicted on p. 152-153, created by Philip Simoen. Floor in solid, untreated walnut wood. Table and grey leather Zanotta chairs from Loft Living. Kitchen built by Wilfra.

La salle à manger de l'appartement à la mer, présenté en p. 152-153, a été réalisée par Philip Simoen. Plancher en noyer massif non traité. Table et chaises en cuir gris Zanotta chez Loft Living. Cuisine sur mesure Wilfra.

De eetkamer van hetzelfde kustappartement van p. 152-153, gerealiseerd door Philip Simoen. Vloer in massieve, onbehandelde notelaar. Tafel en grijslederen Zanotta stoelen bij Loft Living. Maatwerkkeuken Wilfra.

BATHROOMS

SALLES DE BAINS

BADRUIMTES

Over the years, bathrooms have gained an ever more important place in the house:
increasing amounts are invested in what has become a real spa culture - Jacuzzis
and whirlpools, water jets, huge bathtubs, saunas and steam baths, indoor swimming pools.
The possibilities are endless and ensure that contemporary bathrooms have become real bathing places.

Au fil des ans, la salle de bains joue un rôle de plus en plus important dans la maison :
on investit davantage dans ce qui est devenu une véritable culture du bien-être :
jacuzzi, spa, sauna, hammam, piscine intérieure...
Les possibilités sont légion et font des salles de bains contemporaines de véritables salles d'eau.

De badkamer kreeg door de jaren heen een steeds belangrijker plaats in de woning:
er wordt steeds meer geïnvesteerd in wat is uitgegroeid tot een ware wellness-cultuur:
jacuzzi's en whirlpools, jetstream, royale badkuipen, sauna's en stoombaden, binnenzwembaden, ...
de mogelijkheden zijn legio en zorgen ervoor dat de hedendaagse badkamers echte badruimtes zijn geworden.

Bathroom and shower room in a loft designed by Bert Van Bogaert.

La salle de bains et de douche d'un loft créé par Bert Van Bogaert.

Bad- en douchekamer in een loft ontworpen door Bert Van Bogaert.

Two bathrooms in two different projects by Vlassak-Verhulst.

Deux salles de bains dans deux projets différents de Vlassak-Verhulst.

Twee badkamers in twee verschillende projecten van Vlassak-Verhulst.

www.vlassakverhulst.com

Two bathroom projects by Kultuz.

Deux salles de bains Kultuz.

Twee badkamerprojecten van Kultuz.

www.kultuz.be

Two 'Aksent designs.

Deux réalisations de 'Aksent.

Twee realisaties van 'Aksent.

www.taksent.be

The bathroom in a project by Cy Peys interior architects.

La salle de bains d'un projet de Cy Peys / Interior Architects.

Badkamer in een project van Cy Peys / Interior Architects.

www.cypeys.com

172-175

This bathroom has a monolithic design. Freestanding washbasin unit with natural-stone drawers and an asymmetrically positioned mirror. A detail of the Boffi tap.
A walk-in shower with integrated bench. Bath in natural stone with built-in horizontal overflow. A view of the bathroom from the dressing room. Along the south side, the roof terrace is laid with wide padouk planks.
A creation by Peter Ivens.

Cette salle de bains a été conçue sous forme de monolithe de pierre.
Lavabo suspendu avec tiroirs en pierre naturelle et miroir placé de manière asymétrique. Détail d'un robinet Boffi.
Une douche walk in avec banquette intégrée. Bain en pierre naturelle avec trop-plein horizontal. Vue sur le bain depuis le dressing. Côté Sud, la terrasse de toit est ornée de larges planches de padoek.
Une création de Peter Ivens.

Deze badkamer is geconcipieerd als een monoliet van steen. Vrijstaande wastafel met lades in natuursteen en een assymetrisch geplaatste spiegel. Detail kraanwerk Boffi.
Een inloopdouche met geïntegreerde zitbank. Bad in natuursteen met horizontaal ingesneden overloop. Een zicht vanuit de dressing naar het bad. Het dakterras is langs de zuidzijde bekleed met brede padoek planken.
Een creatie van Peter Ivens.

www.peterivens.be

A project by architect Toon Saldien.

Une réalisation de l'architecte Toon Saldien.

Een realisatie van architect Toon Saldien.

www.toonsaldien.be

In this bathroom, the bathing takes place in an open space with a central lavastone basin. Behind the pebbled wall are a shower and a toilet.

La salle de bains consiste en un espace ouvert, occupé en son centre par une cuvette en pierre de lave. Le mur de galets abrite une douche et une toilette.

Het baden gebeurt in een open ruimte met centraal een waskom uit lavasteen. Achter de keienwand bevinden zich een douche en een toilet.

www.lensass.be
www.objetbart.be

A Stavit Mor project.

Une réalisation de Stavit Mor.

Een realisatie van Stavit Mor.

182-183

This large bathroom unit is an 'Aksent design. The taps are concealed from view by their positioning between the two washbasins. The light can be lowered by use of a panel that slides back into the mirror unit.

Ce grand meuble de salle de bains est une création de 'Aksent. La commande des robinets est dissimulée entre les deux lavabos. La luminosité de la pièce peut être atténuée à l'aide d'un panneau coulissant qui disparaît derrière l'armoire à glace.

Dit royale badkamermeubel is een ontwerp van 'Aksent. De bediening van de kranen wordt aan het oog onttrokken door de plaatsing tussen beide wastafels. De ruimte kan verduisterd worden door een schuifpaneel dat achter de spiegelkast verdwijnt.

A bathroom project by Philip Simoen.

Un projet de salle de bains de Philip Simoen.

Een badkamerproject van Philip Simoen.

A bathroom created by Paul van de Kooi.

Salle de bains réalisée par Paul van de Kooi.

Een badkamer gerealiseerd door Paul van de Kooi.

www.paulvandekooi.nl

A design by Cools Interior/Jos Reynders Decor.

Une réalisation de Cools Interior / Jos Reynders Decor.

Een realisatie van Cools Interior / Jos Reynders Decor.

www.reynders-goc.com

This bathroom, designed by the Cy Peys team, was made by Cools Interior/Jos Reynders Decor.

Cette salle de bains, conçue par l'équipe de Cy Peys, a été réalisée par Cools Interior / Jos Reynders Decor.

Deze badkamer, ontworpen door het team van Cy Peys, werd gerealiseerd door Cools Interior / Jos Reynders Decor.

www.cypeys.com
www.reynders-goc.com

192-195

This spacious bathroom-cum-hammam was created by interior architect Olivier Campeert.

Cette vaste salle de bains avec hammam contigu a été créée par l'architecte d'intérieur Olivier Campeert.

Deze ruime badkamer annex hammam werd gecreëerd door interieurarchitect Olivier Campeert.

Black marble mosaic in this bathroom designed by Mario Bruyneel. Wall lighting and washbasin from the 1930s. A selection of pre-Columbian objects livens up the simple surroundings.

La mosaïque de marbre noir de cette salle de bains a été conçue par Mario Bruyneel. L'éclairage mural et le lavabo datent des années 1930. Quelques objets précolombiens animent le cadre austère.

Zwarte marmermozaïek in deze badkamer ontworpen door Mario Bruyneel. Wandverlichting en wastafel uit de jaren 1930. Enkele pre-Columbiaanse voorwerpen animeren de strakke omgeving.

Streamlined minimalism, courtesy of Nathalie Van Reeth, in this bathroom in a holiday home on the Belgian coast.

Minimalisme pur pour cette salle de bains d'une maison de vacances à la côte belge, signée Nathalie Van Reeth.

Strak minimalisme, gesigneerd Nathalie Van Reeth voor deze badruimte in een vakantiewoning aan de Belgische kust.

Afroteak and brown Emperador marble in combination with pure white and chrome. The restored skylight in this top-floor apartment on the coast ensures that the room is bathed in light. View of the bathroom from the bedroom. The wardrobe separates the two spaces.

Association d'afrormosia et de marbre brun Emperador avec du blanc pur et du chrome. Grâce à sa coupole de lumière restaurée, ce penthouse de la côte belge baigne en permanence dans la lumière. Vue sur la salle de bains depuis la chambre à coucher. Le dressing crée une séparation entre les deux espaces.

Afroteak en bruine Emperador marmer in combinatie met zuiver wit en chroom. Dankzij de gerestaureerde lichtkoepel in dit dakappartement aan de kust baadt deze ruimte in het licht. Zicht vanuit de slaapkamer naar de badkamer. De dressingkast scheidt beide ruimtes.

www.peterivens.be

The parents' bathroom, a teenager's bathroom and the guest toilet in a seaside apartment designed by Annick Colle.

The washbasin and bath in the parents' bathroom (p. 202) have Combe Brune natural-stone surrounds. Tadelakt floor. The wooden blinds help to create an intimate atmosphere.

The floor in the teenager's bathroom (above left) is in brown tadelakt. A teakwood washbasin surround.

A bluestone washbasin in the guest toilet; floor in grey tadelakt.

La salle de bains des parents, la salle de bains des ados et la toilette des invités d'un appartement de la côte décoré par Annick Colle.

Le lavabo et le bain de la salle de bains des parents (p. 202) sont en pierre naturelle Combe Brune. Sol en tadelakt. Les stores en bois contribuent à l'atmosphère intime de la pièce.

Le sol de la salle de bains des ados (ci-dessus à gauche) est en tadelakt teinté marron. Tablette de lavabo en teck.

Le lavabo de la toilette des invités a été réalisé en pierre de taille ; le sol est en tadelakt teinté gris.

De ouderbadkamer, een tienerbadruimte en het gastentoilet in een kustappartement ingericht door Annick Colle.

De wastafel en het bad in de ouderbadkamer (p. 202) zijn bekleed met Combe Brune natuursteen. Vloer in tadelakt. Houten stores dragen bij tot de intieme sfeer.

De vloer in de tienerbadkamer (links hierboven) werd in tadelakt bruin getint. Een teakhouten wastafeltablet.

In het gastentoilet is de wastafel in arduin uitgevoerd; vloer in grijsgetinte tadelakt.

This bathroom in Tuscan marble from Dominique Desimpel (walls, floor, bath and washbasin surrounds) is a creation by Philip Simoen.
Mem taps by Dornbracht in matte nickel.

Cette salle de bains en marbre de Toscane de Dominique Desimpel (sol, revêtement du bain et du lavabo et murs) est une création de Philip Simoen.
Robinetterie Mem (Dornbracht) en nickel mat.

Deze badkamer uitgevoerd in Toscaanse marmer van bij Dominique Desimpel (vloer, bad- en wastafelbekleding en wanden) is een creatie van Philip Simoen.
Kraanwerk Mem (Dornbracht) in mat nikkel.

www.tegelsdesimpel.be

A hammam and toilet designed by Philip Simoen.

The floor in the hammam is in grey Tuscan marble. Walls in marble mosaic (both from Dominique Desimpel).

Mem taps by Dornbracht in matte nickel.

Toilet: washbasin and floor in porphyry from Dominique Desimpel.

Hammam et toilette conçus par Philip Simoen.

Le sol du hammam est revêtu de marbre de Toscane gris. Murs en mosaïque de marbre clivée (les deux chez Dominique Desimpel).

Robinetterie Mem de Dornbracht en nickel mat.

Toilette : lavabo et sol en porphyre de Dominique Desimpel.

Een hammam en toilet ontworpen door Philip Simoen.

De vloer in de hammam is bekleed met grijze Toscaanse marmer. Muren in gekliefde marmermozaïek (beide van bij Dominique Desimpel).

Kraanwerk Mem van Dornbracht in nikkel mat.

Toilet: wastafel en vloer in porfier van Dominique Desimpel.

www.tegelsdesimpel.be

BEDROOMS AND DRESSING ROOMS

CHAMBRES À COUCHER & DRESSINGS

SLAAPKAMERS EN DRESSINGS

Nowadays, interior specialists and their clients attach a great deal of importance
to the design of bedrooms and dressing rooms.
The functions of sleeping and storage are often separated now, certainly where space permits:
en-suite bedrooms (with a separate dressing room) are increasingly popular.
Relaxation and recreation are also taken into account:
many bedrooms now have an extra sitting area with comfortable sofas and a separate TV room.

En 2008, les décorateurs et leurs clients attachent beaucoup d'importance
à l'aménagement des chambres et des dressings.
Les fonctions de repos et de rangement sont de plus en plus souvent séparées, notamment si l'espace le permet :
les suites (avec dressing séparé) sont de plus en plus fréquentes.
La relaxation et la détente ne sont pas non plus perdues de vue et
beaucoup de chambres à coucher prévoient aujourd'hui un coin salon
avec des canapés confortables et un espace TV.

Anno 2008 hechten interieurspecialisten en hun klanten een groot belang
aan de inrichting van de slaapkamers en dressings.
De slaap- en opbergfunctie worden daarbij steeds vaker gescheiden, zeker wanneer
de ruimte het toelaat: en suite slaapkamers (met aparte kleedruimte) komen steeds vaker voor.
Ook aan relaxatie en ontspanning wordt gedacht: vele slaapkamers hebben vandaag
een extra grote zithoek met comfortabele sofa's en een aparte tv-ruimte.

This spacious bedroom with its very functional wall units is a design by Cools Interior/Jos Reynders Decor.

Cette grande chambre à coucher aux placards muraux très fonctionnels est une réalisation de Cools Interior / Jos Reynders Decor.

Deze ruime slaapkamer met de zeer functionele wandopbergkasten is een realisatie van Cools Interior / Jos Reynders Decor.

www.reynders-goc.com

The bedroom in an interior designed by Claire Bataille and Paul ibens.

Chambre à coucher dans un intérieur pensé par Claire Bataille et Paul ibens.

Slaapkamer in een interieur ontworpen door Claire Bataille en Paul ibens.

www.bataille-ibens.be

217-219

A design by Stavit Mor.

Un projet de Stavit Mor.

Een ontwerp van Stavit Mor.

Serenity and abundant light in this corridor. A Kultuz design.

Sérénité et grande luminosité dans ce hall de nuit. Un projet de Kultuz.

Sereniteit en ruime lichtinval in deze nachthal. Een ontwerp van Kultuz.

www.kultuz.be

Two impressions of the dressing room and hallway in a project by architect Baudouin Courtens.

Le dressing et le hall de nuit dans un projet de l'architecte Baudouin Courtens.

Twee impressies van dressingruimte en nachthal in een project van architect Baudouin Courtens.

www.courtens.be

Custom-built work by Marliere.

Une réalisation sur mesure de Marliere.

Maatwerk van Marliere.

www.marliere-mobilier.be

A project by Nathalie Delabye and Sandrine Van Eldom.

Un projet de Nathalie Delabye & Sandrine Van Eldom.

Een project van Nathalie Delabye & Sandrine Van Eldom.

Boxsprings by Treca de Paris have been incorporated into a dark-stained oak bed frame. The headboard has been made in panels of the same wood to create an architectural feeling. Project by 'Aksent.

Les sommiers de Treca de Paris ont été insérés dans un cadre de lit en chêne teinté foncé. La tête de lit complète l'ensemble architectural par sa composition dans des panneaux identiques. Une réalisation de 'Aksent.

De boxsprings van Treca de Paris werden ingebouwd in een donker getint eiken bedkader. Het hoofdeinde werd met dezelfde panelen tot een architecturaal geheel verweven. Een realisatie van 'Aksent.

www.taksent.be

A project by Toon Saldien architectural studio.

Une réalisation du bureau d'études Toon Saldien.

Een realisatie van architectenbureau Toon Saldien.

www.toonsaldien.be

Bedroom and dressing room in close contact with the terrace and the garden.
A project by Lens°ass architects. Interior: Hay Verheij.

La chambre à coucher et le dressing entrent en contact avec la terrasse et le jardin.
Un projet de Lens°ass architectes. Intérieur Hay Verheij.

Slaapkamer en dressing in contact met het terras en de tuin.
Een project van Lens°ass architecten. Interieur Hay Verheij.

www.lensass.be
www.objetbart.be

A master bedroom, photographed from the dressing room, which connects the bathroom to the bedroom. A project by Peter Ivens.

Master bedroom photographiée depuis le dressing qui relie le bain à la chambre à coucher. Un projet de Peter Ivens.

Een master bedroom, gefotografeerd vanuit de dressing, die het bad met de slaapkamer verbindt. Een project van Peter Ivens.

www.peterivens.be

228-231

A design by Xavier Van Lil.

Une réalisation de Xavier Van Lil.

Een realisatie van Xavier Van Lil.

www.xvl.eu

Contrasting colours and materials in this design by Simone Kengo (Minimal Interior).
Chest of drawers with leather handles and bed frame, both in oak with mocha satin finish
(Catherine Memmi). Bedcover in taupe velvet. Linen carpet by Bartholomeus. Specially
designed units in the dressing room (photo below).

Contraste de couleurs et de matériaux dans ce projet de Simone Kengo (Minimal Interior).
la commode avec poignées en cuir et le cadre de lit sont en chêne moka satiné (Catherine
Memmi). Housse de lit en velours taupe. Tapis de lin de Bartholomeus. Le dressing (photo
ci-dessous) a été fabriqué sur mesure.

Contrast van kleuren en materialen in dit ontwerp van Simone Kengo (Minimal Interior).
Commode met lederen handvaten en bedframe beide in eiken mokka gesatineerd (Catherine
Memmi). Bedhoes in taupekleurige velours. Tapijt in linnen van Bartholomeus. De dressing
(foto onderaan) werd op maat gemaakt.

www.minimalinterior.be
www.catherinememmi.com

Furniture in sycamore and a chest of drawers in mirrored glass. Bedside lamps by Jacques Adnet. Contrasting "Chinese Dragon" panels by O&L have been used for the headboard. A Mario Bruyneel project.

Mobilier en sycomore et commode en verre à glace biseauté. Veilleuses de Jacques Adnet. Les panneaux contrastants "Chinese Dragon" de O&L ont été utilisés comme tête de lit. Une réalisation de Mario Bruyneel.

Meubilair in sycomore en een commode in geslepen spiegelglas. Nachtlampen van Jacques Adnet. De contrasterende panelen "Chinese Dragon" van O&L werden gebruikt als hoofdeinde. Een realisatie van Mario Bruyneel.

A young, modern bedroom in a contemporary country house.

La chambre à coucher jeune et tendance d'une maison de campagne contemporaine.

Een jonge, trendy slaapkamer in een hedendaags landhuis.

A design by XVL Projects (Xavier Van Lil).

Une réalisation de XVL Projects (Xavier Van Lil).

Een realisatie van XVL Projects (Xavier Van Lil).

www.xvl.eu

A project by architect Lou Jansen.

Une réalisation de l'architecte Lou Jansen.

Een realisatie van architect Lou Jansen.

The oak floor in the parents' bedroom has been extended onto the morning terrace.

Photo on the right: the teenager's bedroom.

A design by Annick Colle.

Le plancher en chêne de la chambre à coucher des parents se prolonge sur la terrasse.

Photo de droite : la chambre à coucher des ados.

Une réalisation d'Annick Colle.

De eiken plankenvloer in de ouderslaapkamer wordt verlengd op het ochtendterras.

Foto rechts: de tienerslaapkamer.

Een realisatie van Annick Colle.

The hallway and bedroom in a seaside apartment designed by Philip Simoen.

All of the fitted units (by Wilfra ID&E) have been painted the same colour as the walls. Finish and interiors of the cupboards, silk curtains by Jim Thompson and bedspreads in Larsen silk, all by Inndekor. Modular lighting.

Hall de nuit et chambre à coucher d'un appartement à la côte décoré par Philip Simoen.

Toutes les armoires sur mesure (Wilfra ID&E) ont été peintes dans la couleur des murs. Les finitions et l'intérieur des armoires, les rideaux en soie de Jim Thompson et les couvre-lits en soie Larsen ont été exécutés par Inndekor. Éclairage Modular.

De nachthal en slaapkamer in een kustappartement ingericht door Philip Simoen.

Alle maatwerkkasten (Wilfra ID&E) werden in de kleur van de muren geverfd. Afwerkingen en binnenzijde kasten, zijden gordijnen van Jim Thompson en bedspreien in Larsen zijde, alle uitgevoerd door Inndekor. Verlichting Modular.

www.wilfra.be
www.inndekor.com

SPACES FOR RELAXATION

ESPACES DE DÉTENTE

ONTSPANNINGSRUIMTES

The home has increasingly become a bastion that allows you to withdraw
from the hectic world and turn your back on everyday concerns.
However you relax (in your home cinema, reading a book or taking a siesta),
the design of these spaces is of increasing importance.

La maison devient de plus en plus un refuge où l'on se soustrait
au rythme trépidant du monde extérieur et où l'on oublie les tracas quotidiens.
Quels que soient les délassements (home-cinéma, lecture ou sieste),
l'architecture intérieure à de plus en plus son mot à dire.

De eigen thuis is steeds meer een bastion geworden waar men zich terugtrekt uit de hectische wereld
en waar de dagdagelijkse beslommeringen de rug worden toegekeerd.
Hoe men zich ook ontspant (in zijn eigen home cinema, lezend in een boek of door het nemen van een siësta),
ook hier wint de interieurarchitectuur alsmaar aan belang.

248-253
Serenity and minimalism in this
swimming pool room designed
by 'Aksent.
Gong daybed by Promemoria.

Sérénité et minimalisme dans
cet espace piscine conçu par
'Aksent.
Méridienne Gong de
Promemoria.

Sereniteit en minimalisme in
deze zwembadruimte
ontworpen door 'Aksent.
Daybed Gong van Promemoria.

www.aksent.be

254-255

A relaxation space designed by Lens°ass architects, with a view of a bamboo garden.

Cet espace de relaxation conçu par Lens°ass architectes offre une vue sur le jardin de bambous.

Een relaxruimte ontworpen door Lens°ass architecten, met zicht op een bamboetuin.

www.lensass.be
www.objetbart.be

Modern comfort and accents of colour in this media room designed by Mario Bruyneel. Art by Herman Braun Vega.
The unit contains all of the data/audio/video and wireless systems.

Confort et nuances contemporains dans cette salle média créée par Mario Bruyneel. Œuvres d'art de Herman Braun Vega.
Le meuble console contient tous les appareils data/audio/vidéo sans fils.

Hedendaags comfort en kleuraccenten in deze media-room ontworpen door Mario Bruyneel. Kunstwerken van Herman Braun Vega.
Het console-meubel bevat alle data/audio/video en wireless apparatuur.

SPACES FOR WORK

ESPACES DE TRAVAIL

WERKRUIMTES

It is remarkable that working environments, where most of us spend the largest portion of our lives,
are still often treated like the poor relation.
The home office offers a contemporary solution: thanks to flexible working arrangements
and the technological revolution (high-speed internet connections, mobile telephones, wireless computer networks,
and so on) more people can set up working spaces at home. Their home offices show that living
and working can combine perfectly, providing the space is arranged in a creative and individual way.

N'est-il pas curieux que le lieu de travail, où la plupart d'entre nous
passons le plus clair de notre temps, soit souvent un laissé-pour-compte ?
Un bureau à domicile offre une solution moderne : grâce à une répartition souple du travail
et à la révolution technologique (connexion Internet rapide, téléphonie mobile, réseaux sans fil,…),
de plus en plus de gens installent leur lieu de travail chez eux. Ces bureaux à domicile montrent que vivre
et travailler sont parfaitement compatibles si l'espace a été distribué de manière créative et personnelle.

Het is opmerkelijk dat de werkomgeving, waar de meesten van ons het grootste deel
van hun leven doorbrengen, vaak nog stiefmoederlijk wordt behandeld.
Het thuiskantoor biedt een hedendaagse oplossing: dankzij een flexibele werkindeling en de technologische
revolutie (razendsnelle internetverbindingen, mobiele telefonie, draadloze computernetwerken, …) kunnen steeds
meer mensen hun werkomgeving aan huis inrichten. Hun thuiskantoren tonen aan dat wonen en werken perfect
kunnen samengaan mits de ruimte op een creatieve en persoonlijke wijze wordt ingedeeld.

A reading space with a mini-desk in an interior created by Peter Ivens. Ornaments in iron by Antonino Sciortino (at Items). Arne Jacobsen reading lamp, lights by Astralovesliving – Qrt Bruggeman studio for lighting and electricity.

Salle de lecture et bibliothèque avec petit bureau dans un intérieur créé par Peter Ivens. Objets en fer d'Antonino Sciortino (chez Items). Liseuse Arne Jacobsen, éclairage Astralovesliving – bureau d'études Qrt Bruggeman pour l'éclairage et l'électricité.

Filippa K office, a project by
Cy Peys interior architects.

Bureau de Filippa K, un projet de
Cy Peys / Interior Architects.

Een lees- en bibliotheekruimte met minibureau in een interieur gecreëerd door Peter Ivens. Objecten in ijzer van Antonino Sciortino (bij Items). Leeslamp Arne Jacobsen, verlichting Astralovesliving – Qrt Bruggeman studiebureau voor verlichting en electriciteit.

Bureau van Filippa K, een project van
Cy Peys / Interior Architects.

www.peterivens.be

www.cypeys.com

265

266-269

An office project by Filip Vanryckeghem.

Un projet de bureau de Filip Vanryckeghem.

Een kantoorproject van Filip Vanryckeghem.

www.ixtra.be

This office space opens onto the terrace of this Brussels home.

D.I.M. desk from the 1920s.

A project by Mario Bruyneel.

Ce bureau donne accès à la terrasse d'une maison de ville bruxelloise.

Bureau D.I.M datant des années 1920.

Une réalisation de Mario Bruyneel.

Deze bureauruimte geeft toegang tot het terras van een Brusselse stadswoning.

Bureau uit de jaren 1920 van D.I.M.

Een realisatie van Mario Bruyneel.

The work space in an apartment transformed by interior architect
Laurence Sonck.

A contrast between pale oak and the black of the walls and furniture.

The brushed-oak wall unit is illuminated along the back.

Le bureau d'un appartement transformé par l'architecte d'intérieur
Laurence Sonck.

Contraste du chêne blanc avec les murs et le mobilier noirs.

Au mur, un meuble en chêne brossé éclairé par l'arrière.

De werkruimte in een appartement getransformeerd door
interieurarchitecte Laurence Sonck.

Contrast van blanke eiken en het zwart van de muren en het meubilair.

Aan de wand een meubel in geborsteld eiken dat langs achteren verlicht
wordt.

A design created by Smith-Miller+Hawkinson Architects.

Une réalisation de Smith-Miller+Hawkinson Architects.

Een realisatie van Smith-Miller+Hawkinson Architects.

www.smharch.com

An interior design by Simone Kengo (Minimal Interior).

A Long Island sofa in a fine cotton fabric (Catherine Memmi). Two reading lamps in brushed stainless steel by Ecart International.

Bartholomeus carpet. Zen coffee table in mocha satin-finish oak by Catherine Memmi.

Custom-built shelving in oak (also with a mocha satin finish) by Catherine Memmi.

Behind the brown Zen desk in brown sycamore (Catherine Memmi) is a painting by Pierre Debatty. Week-End desk chair in oak, also by Catherine Memmi. Desk lamp designed by Mariano Fortuny in 1903, reissued by Ecart International. Taupe linen blinds.

Un projet d'intérieur de Simone Kengo (Minimal Interior).

Canapé Long Island recouvert de coton fin (Catherine Memmi). Deux liseuses en inox brossé de Ecart International. Tapis Bartholomeus.

Table basse Zen en chêne satiné moka de Catherine Memmi.

Bibliothèque sur mesure en chêne (également satiné moka) de Catherine Memmi.

Au-dessus du bureau Zen en sycomore brun (Catherine Memmi), une peinture de Pierre Debatty. Chaise de bureau Week-End en chêne, également de Catherine Memmi. Lampe de bureau conçue par Mariano Fortuny en 1903, réédition Ecart International. Stores en lin taupe.

Een interieurontwerp van Simone Kengo (Minimal Interior).

Een Long Island canapé bekleed met een fijne katoenen stof (Catherine Memmi). Twee leeslampen in geborstelde inox van Ecart International.

Tapijt Bartholomeus. Salontafel Zen in mokka gesatineerde eiken van Catherine Memmi.

Bibliotheek op maat in eiken (eveneens mokka gesatineerde tint) van Catherine Memmi.

Boven het bureau Zen in bruine sycomore (Catherine Memmi) een schilderij van Pierre Debatty. Bureaustoel Week-End in eiken, eveneens van Catherine Memmi. Bureaulamp ontworpen door Mariano Fortuny in 1903, re-editie Ecart International. Stores in taupe linnen.

www.minimalinterior.be

This office fits in perfectly with the open kitchen, in terms of material and architectural style. The steel partition was chosen in recognition of the period in which the house was built.

Le bureau rejoint la cuisine sans transition, tant par le choix des matériaux qu'en termes architecturaux. La fenêtre de séparation en acier est un clin d'œil à la période de construction de la maison d'origine.

Het bureau loopt naadloos over in de open keuken, qua materiaalgebruik en architectuur. Het stalen scheidingsraam werd gekozen als knipoog naar de bouwperiode van het oorspronkelijke huis.

www.taksent.be

278-279
A Filip Vanryckeghem project.

Une réalisation de Filip Vanryckeghem.

Een realisatie van Filip Vanryckeghem.

www.ixtra.be

AROUND THE HOUSE

AUTOUR DE L'HABITATION

RONDOM DE WONING

The outside of the home is at least as important as the interior:
driveway, gates, terraces, windows and doors have to be in harmony with the architecture of the building.
Every detail plays an essential part: this is where the first impressions of the character of the house
and the living environment of its residents are created.

L'extérieur de la maison est tout aussi important que l'intérieur :
l'allée, le portail, les terrasses, les châssis et les portes doivent être en harmonie avec l'architecture du bâtiment.
Chaque détail présente un intérêt primordial, offrant au visiteur une première impression
sur le caractère de la maison et l'univers de ses occupants.

De buitenkant van de woning is minstens even belangrijk als het interieur:
oprit, poorten, terrassen, ramen en deuren dienen te harmoniëren met de architectuur van het gebouw.
Elk detail is hier van primordiaal belang: hier krijgt men de eerste indruk
van het karakter van het huis en de leefwereld van haar bewoners.

A design created by Lens°ass architects.

A covered terrace with a fireplace has been constructed as an extension of the living room. Contact with the garden, the terrace and the tower (see p. 288-289) were important elements of this project.

Une réalisation de Lens°ass architectes.

Dans le prolongement du séjour, la terrasse couverte a été dotée d'un feu ouvert, point de rencontre de la famille. Le contact avec le jardin, la terrasse et la tour (voir p. 288-289) ont été des éléments clés dans l'élaboration de ce projet.

Een realisatie van Lens°ass architecten.

In het verlengde van de woonkamer werd een overdekt terras voorzien aan een familiehaard. Het contact met de tuin, het terras en de toren (zie p. 288-289) waren belangrijke elementen in dit project.

www.lensass.be
www.objetbart.be

This newly built house, designed by Lens°ass architects, is situated very near to the church in a picturesque village on the River Maas.

An old farmhouse was demolished to make way for the new building, which is concealed behind a newly constructed garden wall that is almost sixty metres long and is built in the original bricks of the farmhouse. A long walkway joins the single-storey house with a tower that is aligned with the street. As a contrast with the closed appearance of the front of the house, the rear wall is completely transparent. The glass-and-titanium tower looks out over the church tower opposite.

Cette maison de construction récente, dessinée par Lens°ass architectes, se situe à proximité de l'église d'un petit village pittoresque longeant la Meuse. L'ancienne ferme a été démolie et la nouvelle construction s'abrite derrière un nouveau mur de jardin de près de 60 m de long, bâti dans la brique du four de campagne de la fermette. Un long couloir relie l'habitation de plain-pied à une tour située dans l'axe de la rue. La façade arrière est entièrement transparente, contrastant avec la façade avant, dépourvue d'ouvertures. La tour en verre et titane fait face au clocher de l'église située en vis-à-vis.

Deze nieuwbouwwoning, ontworpen door Lens°ass architecten, bevindt zich in de onmiddellijke omgeving van de kerk in een pittoresk dorpje aan de Maas. Een oude hoeve werd afgebroken en de nieuwbouw gaat schuil achter een nieuwe tuinmuur van bijna 60m. lang, opgetrokken in de originele veldenovensteen van het boerderijtje. Een lange gang verbindt het gelijkvloerse woonhuis met een torenvolume in de as van de straat. In contrast met de massieve gesloten voorgevel is de achtergevel volledig transparant. De toren van glas en titanium kijkt naar de tegenoverliggende kerktoren.

www.lensass.be
www.objetbart.be

A house designed by architect Michel Muylaert.

Une maison conçue par l'architecte Michel Muylaert.

Een woning ontworpen door architect Michel Muylaert.

www.architectmuylaert.be

A project by Peter Ivens.

Un projet de Peter Ivens.

Een project van Peter Ivens.

www.peterivens.be

A contemporary villa refurbished by the Bataille+ivens design team.

Une villa contemporaine réaménagée par le bureau d'études Bataille+ibens.

Een hedendaagse villa gerestaureerd door het ontwerpbureau Bataille+ibens.

Bert Van Bogaert created a streamlined, minimalist loft in this building.

Bert Van Bogaert a décoré un loft minimaliste aux lignes épurées dans cet immeuble.

In dit pand richtte Bert Van Bogaert een strakke, minimalistische loft in.

The sun terrace of an apartment designed by Marc Corbiau and furnished by Annick Colle. A magnificent sea view from the dark wooden director's chairs, surrounded by tall dune grass.

La terrasse ensoleillée d'un appartement conçu par Marc Corbiau et décoré par Annick Colle. Sur les chaises de régisseur en bois foncé, entourées de hautes herbes de dunes, on jouit d'une vue magnifique sur la mer.

Zonneterras van een appartement ontworpen door Marc Corbiau en ingericht door Annick Colle. Prachtig zeezicht vanuit de donkere houten regisseursstoelen, omringd door hoge duingrassen.

The terrace of a house furnished by Nathalie Van Reeth.

Terrasse d'une maison aménagée par Nathalie Van Reeth.

Terras in een woning ingericht door Nathalie Van Reeth.

IN THE GARDEN

AU JARDIN

IN DE TUIN

Whether it's a modest garden in the city, an impressive park garden
or an extensive landscaped garden that blends in perfectly with its surroundings,
the garden is more than the "finishing touch" for a home.
Everyone has a need for green, natural surroundings. Architects and interior specialists
are increasingly focusing on ensuring a smooth integration
of the garden design as an element of the larger living space.
Successful collaboration with gardeners and landscape architects
is therefore essential for the success of a project.

Qu'il s'agisse d'un modeste jardin de ville, d'un parc imposant ou d'un vaste jardin paysager
parfaitement intégré à l'environnement, le jardin est bien plus que la touche finale d'une habitation.
Nous avons tous besoin d'un espace vert naturel. Les architectes et les décorateurs d'intérieur
veillent également de plus en plus à l'intégration totale du jardin comme composant d'un habitat plus global.
Leur collaboration avec les architectes de jardin et les paysagistes joue
dès lors aussi un rôle fondamental dans la réussite d'un projet.

Of het nu gaat om een bescheiden stadstuintje, een imposante parktuin of een uitgestrekte landschapstuin
die volledig opgaat in de omgeving: de tuin is meer dan de "finishing touch" van een woning.
Iedereen heeft behoefte aan een groene, natuurlijke omgeving. Architecten en interieurspecialisten
zorgen dan ook steeds meer voor een verregaande integratie
van het tuinontwerp als onderdeel van een groter woongeheel.
Hun samenwerking met tuin- en landschapsarchitecten is dan
ook van groot belang voor het welslagen van een project.

Wooden planks that gain a grey patina over the years.

Les planches en madriers ont acquis une patine grise au fil des années.

Houten beplanking die in de loop der jaren een grijze patine krijgt.

A project by landscape architect Erik De Waele.

Une réalisation de l'architecte de jardin et paysagiste Erik De Waele.

Een realisatie van tuin- en landschapsarchitect Erik De Waele.

A project by Van Ravestyn architectural studio.

Une réalisation du bureau d'études Van Ravestyn.

Een realisatie van architectenbureau Van Ravestyn.

www.vanravestyn.be

The atmospheric garden of a grand house in Brussels designed by Gilles de Meulemeester.

Gilles de Meulemeester a réaménagé en maison de ville intimiste cette maison de maître bruxelloise.

Intimistische stadswoning in een Brusselse herenwoning heringericht door Gilles de Meulemeester.

www.ebony-interiors.com

The swimming pool of a house designed by architect Bert Van Geet.

Piscine d'une maison créée par l'architecte Bert Van Geet.

Zwembad van een woning ontworpen door architect Bert Van Geet.

WEBLINKS / E-MAIL

LIENS INTERNET / E-MAIL

Mario Bruyneel
mario.bruyneel@gmail.com
18-19, 73-75, 98, 142, 196-197, 233, 256-257, 271

Smith-Miller+Hawkinson
www.smharch.com
20-21, 70-71, 143-145, 272-273

Laurence Sonck
laurence.sonck@skynet.be
22-23, 72, 96-97, 270

Bert Van Bogaert
bert.vanbogaert@pandora.be
24, 53, 164-165, 294-295

Bataille + ibens
www.bataille-ibens.be
25, 116, 216

Baudouin Courtens
www.courtens.be
26, 221

Annick Colle
abcolle@evonet.be
27, 80-83, 150-151, 202-203, 238-239, 296

Peter Ivens
www.peterivens.be
28-29, 48-51, 128-129, 172-175, 178-179, 200-201, 227, 256-257, 265, 291

Lens°ass architects
www.lensass.be
www.objetbart.be
30-31, 62-63, 100, 226, 254-255, 286-289

Stavit Mor
stavit.mor@skynet.be
32-33, 101, 180-181, 217-219

'Aksent
www.taksent.be
34, 56-59, 92-93, 118-121, 170-171, 182-183, 223, 248-253, 276-277

PUBLISHER

BETA-PLUS
Termuninck 3
B - 7850 Enghien
T +32 (0)2 395 90 20
F +32 (0)2 395 90 21
www.betaplus.com
info@betaplus.com

CO-PUBLISHER THE NETHERLANDS
Terra

PHOTOGRAPHER
Jo Pauwels, except for:
20-21, 25, 70-71, 114, 143-145, 216, 272-273 Jean-Luc Laloux
28-33, 38-39, 48-51, 54-55, 62-63, 100-102, 124-129, 148-149, 172-181, 200-201,
217-219, 224-227, 236-237, 254-255, 265, 286-289, 291 Bieke Claessens

DESIGN
Polydem - Nathalie Binart

TEXT
Wim Pauwels

ENGLISH TRANSLATION
Laura Watkinson

TRADUCTION FRANCAISE
TXT-Ibis

ISBN

English version (CONTEMPORARY LIVING - HANDBOOK 2008-2009)   978 90 772 1367 4
Version française (MAISONS CONTEMPORAINES - MANUEL 2008-2009)   978 2 93 036747 7
Nederlandstalige versie (EIGENTIJDS WONEN - HANDBOEK 2008-2009)   978 90 772 1368 1

© 2007, BETA-PLUS.

All rights reserved. No part of this publication may be reproduced, stored in a retrieval system, or transmitted in any form or by any means.
Tous droits de traduction, d'adaptation et de reproduction par tous procédés, réservées pour tous les pays.
Niets uit deze uitgave mag, in geen enkel land, worden vertaald, bewerkt, verveelvoudigd en/of openbaar gemaakt, op geen enkele wijze.

Printed in China.